청어詩人選 198

떠밀린 상상이 그물 되는 아침

오영미 시집

도서출판 청어

떠밀린 상상이
그물 되는
아침

시인의 말

떠밀린 상상이 그물 되는 아침,
길 위에 밥상을 차린다
아무도 가지 않았을 길
검은 안개가 할퀴어 놓은 길
어둠이 숲을 가둔 끝없는 길
빗소리에 불안이 깊던 험한 길
빛을 벗긴 어둠이
비탈길을 빛나게 하는
칠흑 속 하얀 길
아무도 가지 않았을 것 같은
아무도 가지 않았을 것만 같은
그 밤을 홀렸던 길
그러나, 아무도 가지 않은 길은 없다
길 위에서 밥을 먹는다

2019. 가을
오영미

차례

2부

3부

4부

5부

1부

너의 주소는 부재중

배 속의 아이는 주먹을 불끈 쥐었다가 숨을 깊게 내뱉다가 발차기로 엄마의 배를 뭉클하게 하였다

사내아이라서 꼼지락거리는 횟수보다 울컥거리게 움직이는 폭이 커서 때때로 탯줄까지 꼬이게 하는 비범한 재주를 갖고 있었다

너의 태초는 어머니 뱃속 아니 아버지의 정자 아니 아니 할머니의 뱃속 아아 아니 아니지 할아버지의 할머니의 할아버지의 정자

너는 주소를 가졌으나 지금은 부재중 출생신고를 하고 이름을 짓고 불러주었지만 고갯짓하기 전 엎드려 꽃잎 떨구었다

나는 해마다 편지를 부치고 소포를 보내고 너 있는 그곳 그리워하지만, 반송 없는 답장은 사는 날까지 나를 슬프게 하였다

하얀 사월이 검붉다

츄파춥스 막대사탕을 물고
페이스북 하다가
포메라니안을 분양한다는
지방신문 국장에게 댓글을 남겼다

막대사탕에 사탕은 없고 막대만 남았을 때
TV 뉴스에서 속보가 흘러나왔다
강원도 고성산불이 속초까지 확산
밤하늘 전체를 화마가 뒤덮고 있었다

사월이를 안고 뉴스를 보는 내가
온몸이 얼어붙은 내게 안긴 사월이가
동시에 함께 본
펴보지도 못한 사월이 검붉게 타들어 가고 있다

덮친 불을 피하지 못한 개들이
숯덩이로 남아있거나
그을린 알몸으로 구조된 채 떨고 있다
아가야, 사월이 푸르기만 한 건 아니란다

큰개불알꽃

해마다 삼월이면
맨 먼저 겨드랑이에서 풀이 돋는다
사타구니 중간쯤 머물다
봄 햇살 양지바른 뜰
혈관이 드나들던 배꼽처럼
젊은 생애 작은 꽃으로 태어나
큰개불알을 품는다
잔잔해서 애잔했던 너
작아서 예뻤던 풀꽃의 우주를
쪼그리고 앉아 들여다보는 일
보랏빛 향기는 없고
큰 불알도 보이지 않았다
이름만 떠들썩한 소문에
씨 불알 가득한 겨드랑이만 간지럽다
너른 들판 작아서 예쁜 꽃
쪼그리고 오래 보니 큰 개불알이 보였다

물꽃

장맛비 내리는 날 나는 보았네
아스팔트 위 처절하게
떠내려가는 물꽃들
여름 날 풀물 든 밭 개망초 피듯
하얗게 튀어 오르는 물꽃
거친 바닥일수록
강렬하게 부딪치는 징소리
익사한 고기떼처럼
떠밀려 가는 풍장
때때로 자동차 바퀴에 물려
물보라를 일으켰네
형체를 알아볼 수 없는 찢김이었네
콸콸 쏟아지는 빗줄기가 추락하듯
콱콱 자결하며 떠나는 꽃들이었네
총총히 떼 지어 피난 가는 송사리 떼 같았네
장맛비 그치니
그 꽃 사라져 볼 수가 없네

이것은 봄에만 가능한 일입니까

봄꽃이 진 나무 아래는 처연하다
붉은 꽃 피운 나무 밑은 낭자하고
하얀 꽃 피운 나무 밑에서는 곡소리 나고
노란 꽃 피운 나무 밑 땅 위에는 노란 리본 둥둥 떠다닌다
저마다 꽃 피워낸 봄을 보내는 마음이 아픈 거다
그 아픔 이겨내려고 허공을 키우는 거다
쓸쓸함 들키지 않으려고 잎 무성히 가리는 거다
해마다 사월은 그렇게 또 오고 간다
내 몸 불태워 찬란한 꽃 피우고도
기록하지 않은 기억이 사라지듯
잊힌 기억은 기억하지 못한다
줄 없는 공중에서
줄 없는 바다에서
널브러져 밟혀야 하는 이 기분
모르는 사람들이 나를 보고 슬퍼하는 일이란
서해 끄트머리 안개 속 빈 배와 같음을
웃으며 보내는 허상의 계절임을

그 말을 하고도

소박한 밥상 위 수저를 어머니 손에 쥐여 주니 바르르 떤다

생선을 발라 밥 위에 얹어 드시라 했더니 손에 힘이 없다 하신다

아, 해보세요 꼭꼭 씹어 삼키시라 입속에 넣어 드리니 물고만 계신다

입속에 이가 없어 씹도 못햐 삼킬 수도 없어 목구멍이 아퍼 죽어야 혀

오물거리는 틀니가 들썩거리는데 그 말을 하고도 웃으신다

고탄력 팬티스타킹

스타킹을 신는다
머리끝에서 발끝까지
치장해야 하는 이유가 분명할 때
예를 갖추어 상대에게 잘 보이고 싶을 때
마지막 순서에 몰방한다

스타킹은 다리 생김새랑 상관없이
팬티 밴드 망사 판탈롱
고탄력에서 의료용 압박스타킹까지
여자의 자존심에 탄력을 키우고 있다
나는 살빼기용 스타킹을 신고 자기도 한다

이른 아침 예식장 참석을 위해
고탄력 팬티스타킹을 꺼내는 순간
왼쪽 종아리에서 툭,
남사당 줄타기에서 떨어지는 소리다
징 울림으로 퍼지는 다걸기의 파장이다

문득 그런 생각이 들었다

아직 이불 속이다
이대로 누워 눈 뜨지 못했을 때
나의 비둘기는 어떤 표정일까
까치는 또 어떤 울음소리 토해낼까
비둘기와 까치 사이 내가 있다
슬픔의 농도를 생각한다
누구의 눈물이 더 짤 것인가는 상관없지만
비통의 억장은 차이가 있을 것이다
하여 나는 매일 아침
눈을 뜨면 기도처럼 뇌를 움직인다
침대에 누운 채 눈 감는 연습을 한다
이대로 누워 눈 뜨지 못했을 때
나를 위해 울어 줄 사람 있을까
미안하지만,
혹여 나의 죽음 앞에서 통곡하는 사람
그것은 비둘기 혹은 까치일 것이다
그러니 잠시 흘리는 눈물은 예의로 잠깐 보내는 의식일 뿐
떠나는 나를 위해 슬퍼하는 애도는 아니라는 거다

가을을 만나기 전

그렇게 여름을 퍼붓더니
미치도록 몸부림쳐 대더니
천둥 번개로 하늘 쩍 쩍 갈라놓더니
변심이라도 한 양
살가운 햇살로 다가서는 유령

나는 창가에 서서 가을을 본다
태풍 몇 지나야 하고
한참은 모자도 써야 한다
낡은 선글라스를 바꿀까 고민해야 하고
들판의 곡식들도 살펴야 한다

휴가만은 거기로 가지 말아야 한다는
생활용품 일체 너희 것은 사용하지 말자는
너희가 주장하는 망언은 쓰레기일 뿐
재활용도 안 되는 불치의 병
날이면 날마다 TV 화면에 나오는 여름

니아베 아베,
나도 안 볼 테니
방송국에서도 보내지 말았으면 좋겠다
가을을 만나기 전
아직은 여름

풀

매미 울음소리가 들리기 시작한다
여름 장마가 끝날 무렵
깨지는 햇빛 작렬함으로
귀를 찢어 놓는 소음 아랑곳하지 않는 풀
바짝 엎드려 땅따먹기 하듯
쭉쭉 뻗는 우주선 같다
한 뿌리 캐면 바닥이 훤해지는 기쁨 때문에
종일토록 쪼그려 앉아 호미질이다
산처럼 쌓이는 건초더미
사방 천지 무명 용사의 무덤이다
나는 그것이 좋아
시간 가는 줄 모르고 허리를 펴지 않는다
매미 울음소리 그칠 즈음이면
코스모스 피고
중추가절 추석이 올 것이다
건기가 시작 될 것이고
풀의 동면으로
나의 구부러진 허리가 좀 펴질 것이다

꽃

바다에서 꽃은 사치일까

너도 꽃 나도 꽃

하도 꽃 꽃 하니까

꼭 좇 좃 돛같이 보인다

기분이 우울할 때 그렇다

어머니

바삭바삭 물기 없이 말라버린
백일홍 나무 보았다

맨살의 민낯은 얼마나 쑥스러운가
또 얼마나 춥고 배고팠을까

반질거렸던 피부는 푸석해졌다
세월을 버티기 위한 자기 단속이었을 거야

뿌리가 바위를 깨뜨렸다
맨살이 부끄러워 비틀며 자라는 나무

손끝까지 혈액을 날라
붉은 꽃 피우지 않았던가

내가 민낯으로 쑥쑥 자랄 때
시들시들 바싹 바삭한 어머니

발

돌이킬 수 없어
통증도 사라졌지
걸어 다니다 물집 생긴 발을 봤어
사각으로 갇힌 흰 공간
모퉁이마다 굳은살로 각질이 쌓였지
주로 뒤꿈치에 생긴 물집
길들여지지 않은 쓸림이 이유였어
누운 백지는 늘 나를 유혹하지
뭐라도 써보라고 비아냥거려
한쪽으로 기울어지는 비평형 감각
아파요 아파서 더는 쓰고 싶지 않아요
피로한 발로 순백의 종이 위를 어지럽힌다
싸늘하게 흔들리는 보행의 압력
검은 점들이 교란하는 우울
온종일 서성였던 종아리의 부기를 눌렀어
시 발, 돌아갈 수 없는 다시

2부

그가 좋아했다는 이유만으로

염색하던 머리를 반백으로 기르는 동안
고민 안 했다면 거짓말
불혹이 지나며 흰 유전자의 우월성이
이름 없는 묘지 위 삘기 자라듯
한 해가 다르게 백발이 늘었다
어울리지 않는 긴 머리
질끈 동여맨 걸 그가 좋아했다는 이유만으로
더 늙으면 그것도 못 할 것 같아
열심히 묶고 다녔었다
자르자 자르자
단발로 자르고 청바지를 입자
체크 남방을 어깨에 걸치니
회색 머리가 편안해졌다
눈 딱 감고 마음을 정하니 이렇게 좋은걸
모든 건 맘먹기 달렸다는 말, 믿는다
까만 염색의 머리였던 사진을 본다
촌스러워서 웃는다

제이드가든에서

제이드가든에 도착하자 튤립이 웃었다 흐린 날씨가 꽃바람에 상큼했다 나는 레모나 비타민C를 혼자 입에 털어 넣으려다 뒤 따라오는 일행에게 하나씩 나눠주었다 텁텁한 목소리가 말했다 '이거 한 포에 비타민C 375mg이니까 하루에 여섯 포는 먹어야 돼' 나는 그 후로 가능한 레모나를 하루에 여섯 포씩 먹고 있다는 사실

산책을 마치고 기념품점에 들렀다 손녀를 생각하며 오르골을 고르려다 왕수선화 한 개는 오천 원인데 세 개를 사면 만 원에 준다는 점원의 말에 고민하고 있을 때 그 텁텁한 목소리가 다시 등 뒤에서 말했다 '와, 이런 정원 하나 있으면 소원이 없겠네. 이곳 주인은 얼마나 행복할까요' 속 모르는 소리, 그 돈 있으면 그냥 이렇게 한 번씩 돈 내고 구경 다니셔요

영실이가

은행나무로 살고 싶어
일 년에 한 번씩 새로 태어나고 싶어
그렇게 다른 삶으로 사랑하고 싶어

그럴 수만 있다면
천년 나무 두꺼운 껍질로
한껏 가리며 비밀스럽게 살고 싶어

매일은 아니지만
가끔 화석이 되어 널 기다리고
잊기도 하며 새로운 사랑 찾아 흔들렸으면 해

닥치는 대로 주렁주렁 매달렸다가
때 되어 거침없이 떨어지는 후드득
독한 냄새로 영역 표시하며 나를 지켰지

석양의 붉은 노을로 눈이 멀었으면 해
나는 그 빛으로 모르는 척
다른 바다를 그리워하며 한 생 지나고 싶어

예쁜 귀

내 손에 손톱이 자라기 시작했다
내 머리가 헝클어지기 시작했다
내 눈이 흐려지고
내 귀가 오그라들기 시작했다

점점 자라는 욕심
엉켜서 비뚤어지는 생각
속 깊은 마음은 보이지 않고
헐거운 유혹이 잘 들리는 오후

손톱 밑 때가 미워진다
꼬이고 비틀린 머리카락을 자른다
보이지 않고 들리지 않아서
저절로 열리고 닫히는 예쁜 귀 하나 갖고 싶다

아무 일 없이 그냥

아주 잠깐만
철썩이는 파도에 창문이 들썩여도
나를 내버려 두면 안 되겠니
피고 지는 일이
강요와 게으름 따위로
척도를 가늠하지 못하도록
검은 달이 자전하면
하얀 별은 공전을 꿈꾸지
환한 한나절 말고 흐린 반나절만
아무 일 없이 그냥
앙큼한 가시에 찔려
창문 들썩이는 바닷가 어디쯤
빈방에서 반나절만
무통의 꽃으로 피었으면 좋겠어
아득한 나락으로 떨어졌으면 좋겠어

다시, 능소화

여름엔 능소화처럼 살자
뜨거운 햇빛 삼키며
붉은 정열 태우며
허리띠 칭칭 감아 강건하게 살자
구차하지 않으나 조금은 거만해도 좋으리
불의에 굴하지 않는 고귀함으로
한낮 환하게 불 밝히는
아름다운 세상 등불 되어 살자
주어진 소명 다 하는 날 까지
매무새 흩트리지 않고
가는 날 되어 부끄러운 마음 남아 있거든
목숨 아깝지 않게 심지만 남겨 둔 채
부귀영화 모두 던져버리자
열심히 살아 공중 하늘 올라 내려다보았을 때
아무렇지도 않은 세상 보았거든
홀연히 낙하하여
다음 생에 잊히지 않는
능소화 되어 다시 피어나자

때

너는 국수 가락여
지지배가 밀어도 밀어도 끝이 없어
웬 놈의 때가 이렇게 많은겨
내 등짝을 후려치면서 싹싹 밀어주던
엄마의 이태리타올

목욕 바구니에 샴푸와 칫솔
뒤꿈치 각질 제거용 돌
노랑 빨강 녹색의 때밀이 수건
쉽게 불지 않는 알뜨랑 세숫비누를 챙겨
엄마를 따라다녔던 목욕탕

일주일을 보낸 주말
가족 행사였던 목욕탕 가는 일이 점점 줄어들더니
소녀가 되고 나서는 아예 잊혀
엄마의 젖이 얼마큼 늘어졌는지 기억에 없는
동네 목욕탕을 지나고 있다

말랑은 없고 푸석한 살갗에서
하얀 각질이 거품처럼 번지던 오월의 정오
푹 담가 잘 불린 전신을 때밀이에게 맡긴다
어릴 때 그 몸에서 나왔던 국수 가락
지금도 변함없이 끓일 수 있는 분량이 쏟아지는데

물박달나무

자작나무도 아닌
사스래나무도 아닌 네가
매미 울음소리로 여름을 보냈지

오월이 오기 전, 나무 한 그루를 마시기 위해
갈비뼈 12번쯤에 구멍을 내고
가느다란 호스를 끼웠을 때도 울지 않았지

맘껏 흔들리며 지켜온 한 생이
파릇한 상처를 입고도
물색 수액 내어주며 웃었지

위장병과 골다공증의 아버지
톡 톡 떨어지는 한 방울의 수액도 놓치지 않으려
물박달나무 옆에서 졸기도 했었지

너를 기다린다

봄이 온다

여름이 왔다

가을이 간다

겨울이 갔다

극한왕갈비치킨

극한직업 영화를 보고 얼마나 웃었던지 눈에서 물이 흘렀다 배우 류승룡은 7번 방의 선물에서도 감동을 주더니 이번 영화 역시 실망을 주지 않았다 내가 치킨카페를 운영하고 있어 더 실감이 났던 영화 주문전화가 올 때마다 긴 문장을 수화기에 대고 읊는다

지금까지 이런 치킨은 없었다 이것이 치킨인가 갈비인가 배꼽 잡고 웃었지만 눈물은 났다 현장에서 치킨을 배달하고 손님의 비위를 맞추는 일 자격지심이랄까 슬펐다 오토바이 타고 배달 다니는 남편과 주방에서 165도의 올리브유에 쉴 새 없이 치킨을 튀겨내는 동생이 보였다

그 뜨거운 열기와 싸우느라 온 몸이 상처인 여동생 때때로 정말 미안하고 안쓰러우면서도 영화 속은 그저 웃긴다 영화보고 온 며칠 뒤 비비큐 신제품이라며 포스터가 도착했다 영화 속 그 극한왕갈비치킨이다 지금까지 이런 치킨은 없었다는 그 치킨이 비비큐 신제품이었다니, 헉

물티슈와 땅콩캐러멜

열려있는 문 앞에서 그녀가 말했다
교회에서 왔어요

눈이 마주쳤지만 설거지하는 중이었으므로
건성으로 대답했다

바쁘니까 거기 놓고 가세요
더운데 고생하시네요

종교를 믿지 않는 내가
최선을 다해 응대해 준 발언이었다

물색 바람이 지난 후
문을 닫으려고 간 탁자 위에 선물이 놓여 있다

아까 그녀가 놓고 간 물티슈와 땅콩캐러멜
하루가 미안하고 뜨거웠다

여미리 수선화

여미리 류기방고택
노란 별꽃들의 잔치 마당에
빨간 넥타이 신사가 서 있네
흰 수염과 반백의 긴 머리가 멋졌네

가녀린 모가지에 매달려
고개 숙인 수줍은 입술 속 입술
수선화로 덮인 여미리 사잇길은
누구의 발소리로 속삭이는 꿈길인가

온 천지 노란 별꽃
앞뜰에도 뒤곁에도
산등성 마디마디
수선화 밟히지 않는 곳 없네

서산 운산 여미리로 오시라
보름 달밤에 그윽하게 오시라
수선화 이불 삼아
그 누구와 사랑하러 오시라

주검

여리던 잎 푸르러 무성한 숲 이루더니

비바람 천둥 번개에도 끄떡없더니

시나브로 꽃 피워 열매 맺더니

가진 것, 색 바랜 잎마저 다 날려버리고

지난 세월 빈 둥지 하늘 한숨 끝이 없네

주검 앞 옷을 벗겨보니 온몸 까맣게 타 있었네

3부

꿈에 본 빛나는 것들

그 남자와 잔 것 같다
밤새 이불 위에서
이불 밑에서
불안에 떨며 우왕좌왕
들어가는 길에 주운
두툼한 금목걸이와 예물 시계 한 쌍
들어와서도 그것들을 숨기느라
이불 속 여기저기 후벼대고 있는데
반 토막 난 남근 두 개가 이불 위에 나뒹굴어 있다
그 남자의 성기는 분명 반 토막이었다
아무렇지도 않게 이불 위 그것들
하나는 리모델링한 작품이고
나머지는 자연산이었다
그 남자는 자유자재로 움직였다
원하는 곳에 갖다 대면 찰칵하고 달라붙었다
처음이에요
정말 놀라워요
이런 게 있었다니 신기해요
이건 놀랄 일이 아닙니다
요즘은 다 이래요

자연스러운 일이에요
나는 금덩어리만 빛나는 줄 알았지
그것이 진화되는 빛의 속도는 잊고 살았다

시 불알

시시한 생각들이 죽어간다
시시한 눈
시시한 코
시시한 입
시시한 젖꼭지
시시한 배꼽
시시한 엉덩이
시시한 불알
시시한 다리
시시한 발톱
그 시 불알이 풍장(風葬)치고 상여를 멘다

누구나 다 그럴 수 있다

어머니가 낳아 주신 내 얼굴에 두 가지 모습이 있습니다
콤플렉스와 사이코패스입니다
말로 통하지 않으면 주먹을 날렸습니다
가난을 물려주셨지만 극복해내고 싶었습니다
알아주지 않는 사람 앞에서 무릎도 꿇었습니다
맨발로 산길을 오르내리며 작정했습니다
만인의 앞에서 이름 석 자 날리는 위인이 되자
내 밥그릇만 챙길 줄 알았던 지난 세월
지독한 추위와 배고픔을 먹고 자란 트라우마입니다
나는 정신이 가난한 사람
나에게도 엄마의 따스한 젖가슴이 필요합니다
나는 네가 될 수 없는 우리입니다
이것은 우리의 앞 나의 이야기입니다

나만 흑백사진

컬러사진을 찍고
흑백사진으로 보정한다
울긋불긋한 색깔을 하나 둘 빼듯이
내 마음 멍든 자국을 지우듯
오직 흑과 백으로 채워진
사진을 들고 뚫어져라 쳐다본다
머리카락은 이미 회색이고
눈과 코와 입 모두 창백한 명암뿐
입은 옷도 윤곽만 있어
비싼 건지 싼 건지
명품 가방인지 짝퉁 구두인지
분간 안 되는 그 모습이 좋다
사진 속에 있는 내 모습에서
붉고 푸른 멍을 꺼내 지우고
몹쓸 욕망과 쓸데없는 사심을 버린다
흑백사진이 아름답게 나오는
진심의 컬러 사진을 찍고 싶다

도로 위에서 친구

그 트럭에는 복숭아가 산더미로 쌓여있다
지난봄엔 망고가 산수유로 피어있었다
여름엔 수박이 빨간 혀에 까만 점을 찍고 유혹했었다

오가며 자주 사가니 단골 되어 덤도 주고
알고 보니 갑장이어서 구름 따주는 친구로 지냈다

길가에서 제철 과일 파는 저 친구
트럭이 전 재산일까
청춘은 어떻게 보냈을까

오늘은 꿀 먹은 복숭아 20개 만원

꿀 먹었다는 참외야, 수박아, 망고야

산수유 닮았던 망고도 그랬었지
꿀 먹은 망고 한 상자에 만원

살짝만 눌러도 물러지는 여린 속살들
지붕 없는 트럭의 뜨거운 아가리
친구의 입에서도 꿀이 쏟아질까 봐, 철렁

해루질

물 나간 갯벌은
발가벗은 바다의 알몸
달빛이 어둠 뚫는 바다로 나가자
맨손의 어루만짐으로
간지럼 타는 소라가
파도에 미끄러져 끙끙 앓는다
밤이면 얕은 바다 되어
모래 흩어지는 발소리에
자그락 신음하는 조개들의 합창을 들어보라
너와 내가 마주 보는 동안
어둠에 달빛이 누워 잠자는 동안
알몸의 바다가 꿈틀거리는 동안
해무가 밀려온다
갯고랑으로 물이 차오른다
소라와 조개가 뒤엉켜 흔들린다

생명 나무

제 몸 찢기어 너덜거려진 힘줄 하나 붙잡고
꽃피우는 저 나무를 보아

한겨울 얼었던 몸 풀어 생명 끊기지 않도록
이어가려는 질긴 나무 좀 보아

팔다리 꺾인 채 물기 쏟아내는 저 찬란함
내 한 생 찢기고 꺾여도 기구함 앞 당당한

지천명 훌쩍 지난 내 생명의 뿌리
허공으로 뻗은 줄기와 이파리

어디를 향해 뻗고 있을지
어디쯤 정거해 있는지 점을 쳐보아

날개

동굴에 갇혔던 이카로스

깃털로 만들어진 날개

밀랍으로 고정하여 도망쳤지

너무 높게 날지 말라는 경고를 무시했지

비행의 즐거움은 과욕을 낳았고

너무 높이 날아 태양 가까이에 갔던 이카로스

밀랍이 녹자 추락하여 죽고 말았지

권력자의 깃털이 허공을 가른다

추락하는 것에도 날개는 있다

그렇다면 겸손하게 날았을 때 안전한 걸까

고집의 거리가 아닌 타협의 높이를 구해야 한다

여보게 친구! 두렵지 않은가?

지도 없는 공중의 길 가시겠다니

추락할지라도 이카로스의 날개를 달아주겠네

고갱과 단두대

심장마비로 생애를 마친 고갱의 쉼터 타히티 자살을 결심하고 마지막 혼을 쏟아 완성한 작품 우리는 어디서 왔으며 무엇이며 어디로 가는가

원시적 야생본능을 찾아 떠난 곳 건강과 생활고의 도피처로 삼은 곳 타히티의 여인들 속에서 행복했을까 병마와 우울증 매독과 영양실조 그의 모든 결론적 말로는 패배와 실패인 걸까

우리는 글 쓰는 사람들 우리 어디서 만나 무엇 하는 사람들인가 또 우리는 어디로 가고 있는가 문장이여, 단두대 커튼이 내려질 때 우리는 목을 내어놓아도 슬프지 않아야 한다

돌아오는 길

하늘이 날아가네 새가 날아가네 구름이 날아가네 고즈넉한 어느 저녁 우리에게는 소망이 있었습니다 거대한 소망은 규칙적이지 않고 흔들리기 쉽습니다만, 우리의 꿈은 작은 숲속처럼 아늑하고 포근했습니다

세 개의 알이 있습니다 새는 알을 놓아두고 날아가는 걸까요 새가 알을 지키고 있는 걸까요 뾰족한 말의 상처로 범벅이 되는 세상 하늘은 언제나 맑고 상큼했습니다만, 어두운 건 사람이 만들어 놓은 문자입니다

당신은 높은 이상의 벽을 허물 수도 있겠습니다만, 우리가 이깟 작은 흔들림에 무너질 수 있다고 보십니까 말랑말랑 폭신폭신 너무너무너무 아름다운 뾰족한 하루를 삼킨 사나이들의 울음 날아간 새는

녹색 연못

그러는 사이 나의 눈은 백내장으로 점점 희미해져 갔다 희귀한 꽃들을 재배하며 꾸민 정원은 모두 녹색

연못에 수련을 심는다 아이리스를 심는다 정원 곳곳에 벚나무와 버드나무를

수면과 수련이 나란히 눕는다 연못은 투명하지 않다 물 위 하늘은 반사되지 않았고 식물도 물속에서 흐릿하다

나는 눈부신 색채가 사라진 녹색 연못에 수련과 아이리스의 붓을 심기 시작한다

호수공원 청벚꽃이 울고 있었네

나는 연분홍 겹벚꽃나무

비바람에 순정이 심하게 흔들리고 있다

흔들리며 떨어진 낱 꽃들이 쌓여 있다

너는 그 옆 청벚꽃나무

얼마나 울었으면 얼굴 퍼렇게 질려있나

나는 연분홍 처음을 잃었다

나를 흔들어 놓은 비와 바람 탓이다

서산 호수공원 돌 틈에서 보았네

홑이불 같은 꽃잎끼리 포개진 처음

얇은 입술 들썩이던 시작

흔들린 봄이 뒹굴며 신세 한탄하거나

때늦은 후회를 원망하는 겹 겹들아

그대, 울지 말고 후회하지 말기를

흔들리며 가는 봄 붙잡지도 말기를

밥 생각은 없는데 팔베개

육지에 있다가 문득 그리워 바다로 간다
거기 가면 있을 것 같다
그것이 뭐든
내가 찾는 간절한 것
멍든 나를 안아줄 것이다
헛웃음에 팔려 몸서리치는 나
종일토록 울리지 않는 전화 벨소리
기다리지 않지만 기다려지는 여느 새소리처럼
섬은 거기서 기다려 줄 것이다
아무 준비도 하지 않고 섬으로 간다
먹는 것과 자는 것과 입는 것
그것이 무엇이든
내게 필요한 최소한의 것
걱정 없이 자유롭게 날개를 편다
그리운 섬에 있으면
밥 생각은 없는데 팔베개는 생각난다

4부

왜 하필

그렇다면 나는 웃어야 하나 울어야 하나
막상 그렇다면 말이다
허름한 지붕에 막힌 곳 없는 공중 집
으리하지도 않은
허한 그곳에서
왜 하필 오르가슴인가
어쩌면 행복 말인데
그리 풍족하지 않아도 만족하는 것
넉넉지 않지만 편안한 것
그것들이 오지의 배꼽을 만들어내고 있다
세상 급할 것 없고 화낼 일이 없다
나는 배가 고프지 않다

비행기 안에서 창밖을 보다

공중에도 폭설이 내렸다
할머니가 시루에 쪄주었던 떡
무시루떡이 생각났다
백설기가 생각났다
드넓었던 평야와 빼곡한 집들
도로 위 자동차가
장난감으로 보이기 시작하자
공중에서는 온통 백설의 구름으로 뒤덮인
하얀 나라의 신천지가 둥둥 떠다녔다
간간이 노루 발자국이 보였고
바람 지나간 흔적과
사람 날아다닌 그림자와
폭포와 절벽이 맞닿은 연리지
졸다 깬 앵무새의 울음
폭설로 뒤덮인 사람 사는 세상, 거기 있었다

나오미

흰 눈자위가 파랗게 시린 너의 눈을 보면 부끄러워져
검은 눈동자는 유리알처럼 반짝이는데 내 눈은 왜 윤기가 없을까
레이스가 달린 하얀 원피를 입으면 참 예쁘겠다고
손톱과 발톱에 네일아트로 치장을 해주면 매력적이겠다고 상상했어
필리핀 바나웨의 낯선 거리
거기서 처음 본 나오미
옥수수 닮은 하얀 이를 드러내면
나도 모르게 나의 누런 이를 드러냈지
너무 시끄럽게 말하는 게 미안
화려한 옷 입기도 미안
좋은 음식 먹고 싶다는 생각조차 미안
잠자리 불편하다 투덜대려다 미안
나오미와 마주치면 모든 게 쑥스럽고 부끄러워져
부끄러워하는 나를 모른 체해서 고마워
나보다 더 행복해하는 그녀

루손섬 바나웨

필리핀 루손섬 북쪽 마닐라에서 4백 킬로미터 떨어진 곳 2천 년 전 이푸가오족이 만들었다는 라이스테라스 계단식 논은 해발 1천 미터 고지대에 있다

맨손으로 땅 일구고 몽돌로 논둑 만들어 띠를 둘렀다 곡선으로 이어진 선을 이으면 지구 반 바퀴를 돌 수 있단다 유네스코 세계문화유산에 등재된 곳

이푸가오 전통 가옥에서 사는 바나웨 사람들 볏짚으로 널따란 지붕을 덮고 습기 먹지 않도록 높게 집 짓는다 사다리 놓고 올라가는 원두막과 닮았다

마당에서 모이 쪼는 닭을 물끄러미 바라보다 어린 시절 할머니 집 마당이 데칼코마니로 다가왔다 커다란 원방형 멍석에 누워 밤하늘 별을 세던 그 시절 추억의 땅

그 날

바타드에서 숙소까지 두 시간을 걸었지
이곳저곳에서 도로공사가 한창이었어
고도가 천백 미터나 됐고 바타드 초등학교가 거기 있었어
공연하기로 했지만 칠흑의 밤비에 엄두도 못 냈어
경사진 언덕을 오르내리는 구름
바람도 쉬지 못하게 숨이 조여왔지
개들이 꼬리를 흔들었어
고양이는 사람 손을 많이 탔는지 도망치지 않았어
전통 가옥에서 머물렀어
여덟 개의 침대가 꽉 채워져 있었어
촛불만 하늘거리는 방
비가 오면 샐까 봐 걱정되던 밤
우리들의 별이 잠들었던 하늘
하늘이 나를 허락하고
고요히 눈을 떴던 그 날

학교 가는 어린이가 웃었다

라이스 테라스가 있는 산장에서 본 먼 산
온통 초록의 물결
눈마저 렌즈 낀 이슬
온전히 오르막 아니면 내리막길
산비탈 모두를 논으로 일군 손들의 신

바타드의 어린이가 책가방을 메고 학교에 갑니다
맨발에 쫄 슬리퍼를 끌고
삼삼오오 줄지어 가는 천사들
아이들의 상상이 가방 속에 담겨있죠
하늘 아래 바타드의 꽃들이 별 되어 반짝이겠죠

종달새 지저귀듯
발걸음을 재촉하는 슬리퍼 소리
까만 피부가 맑게 빛나는 아침의 풍경
아이들의 하얀 웃음은 테라스 사방에 피어나는 꽃
너희들의 눈빛이 하늘 울리는 폭죽이다

바타드 풍경

바타드의 닭들은 잠이 없나보다 새벽잠을 깨우는데도 떼창이다 어젯밤 빗줄기는 이슬로 태어나 다이아몬드 아침을 선물한다

라이스 테라스 돌계단 따라 고양이와 강아지의 재롱 보며 언덕 위 하늘색 집의 꿈을 본다

다랑논에 올챙이가 있을 것 같다 거머리도 있겠다 진흙 속에서 물뱀이 나올 것 같다 논둑을 걷다 미끄러져 엉덩방아 찐 그녀가 있다

여린 모에 눈물 이슬 수북이 고여 있는 모습 보았다 저것이 나인가 산 중턱 걸려있는 구름이 나일까 아하, 논물에 갇혀있는 개구리밥이 나일 테지

타피아폭포까지 한 시간을 족히 걸어야 한다 오르막과 내리막 사이 어쩌다 미끄러져도 슬프지 않은 길 그 폭포에 가면 무지개를 볼 수 있다

오지마을 흑돼지

사가다 도로 위 흑돼지
새끼돼지가 엄마 돼지를 졸졸 따라다닌다
윤기가 나는 검은 털의 돼지들
주둥이는 강아지인데 콧구멍은 돼지다
아장아장 뒤뚱뒤뚱
돼지우리가 없는 산속 오지마을
그곳에서 자라는 돼지들은 자유롭다
활동 범위가 넓어서인지 날씬하고 빠르다
돼지 같다는 말은 의미 없다
세상의 자연을 꿀꿀 빨아 커가는 돼지 새끼들
고놈들 데려다 키우고 싶다
애완용 돼지가 유행하는 날이 온다면
이놈들이 원조가 되고도 남겠다
애완용 토종 흑돼지
유전자를 개발하는 상상

길 위의 본톡

바나웨에서 사가다로 가려면 본톡을 거쳐야 한다 필리핀 북부의 교통요충지 본톡 끝없는 산길을 달리는 데는 바람이 친구다 강원도 어느 산골짜기 또는 지리산자락 깊은 골 어느 마을을 향해 가는 것보다 훨씬 천 길 낭떠러지 고지대를 오르내리며 길고 고불거리는 길을 한없이 달리고 또 달린다

휴게소가 없는 길 현지인 운전자가 오줌 마려우면 저 혼자 차를 세우고 일을 본다 화장실 가고 싶은 사람 없냐고 묻는다는 것은 착각 또는 환청이 오면 들릴 것이다 가끔 보이는 하얀 피부의 배낭족들이 트래킹을 즐기기 안성맞춤 여행 파란 하늘 뭉게구름 핀 초록의 풀과 자연이 되는 하늘길 척박함이 풍요다

바나웨

절벽에 매달려 있는 집
툭, 쓰러질 듯 아찔한 모습
나무로 집을 지어 쌓아 올린 다가구주택
공중에 떠 있는 성냥갑 같다
회색 콘크리트 꼭지에
철근이 나체로 서 있는 하늘
양철지붕 위 빗소리가 경쾌하다
우리 옛날에 저랬었지
함석지붕도 많았었지
전깃줄 위에 참새가 줄지어 앉아 있었지
시냇물 졸망졸망 흐르고 흘렀었지
새마을운동으로 번영을 꿈꾸기를
깊은 산골 옹달샘에 희망 꽃 피우기를
그래도 그때 참 좋았었지
안개처럼 밀려오는 향수에 잠깐 졸았던 추억 보았네

행잉 코핀스

가족이 죽으면 시신을 열흘간 의자에 앉힌 후
함께 시간을 보낸다는 본톡 사가다
시신에 포르말린을 사용하지 않는다
저절로 혀가 나오고 냄새가 많이 난다
냄새가 나는 것이 후손들에게는 더 좋단다
시체를 묻을 때는 천으로 감싸서 집 부근에 매장한다

관을 동굴이나 절벽에 매다는 풍습은 가족을 자연으로부터 보호하고 가축을 기를 때 도움이 된다고 믿었기 때문이다 절벽에 기둥을 설치하고 소나무 관을 끈으로 묶어 고정하는데 공중에 둥둥 떠다니는 영혼들이 편히 잠들 수 있는지

관이 부식되면 유골은 절벽 아래로 떨어지게 된다
산 자와 죽은 자가 함께하는 곳
사고를 막아주고 병으로부터 보호해주고
천국으로 가는 문이라고 믿었던 곳
관 옆에 매달려 있는 의자는 영혼이 잠시 쉬어가는 곳

관을 하늘과 가깝게 하면 천국에 더 쉽게 올라갈 수 있다지
마을 지도층이나 부유층만이 절벽에 매달 수 있었다지
보통사람들은 풍성한 과일 등 살 돈이 없어 동굴에 매장했다지

먼 옛날 위구르족들이 잠든 땅
기독교 문화가 들어온 후 실제 절벽에 매다는 풍습은 줄어들었고
이제는 사라져가고 있다고 했다, 기회를 잃었다

사가다 동굴

엄청 깜깜합니다 호롱불 밝히는 가이드가 손을 내밉니다 아무렇지도 않게 잡습니다 불빛 따라 미끄러지는 동굴 좁은 구멍 낭떠러지 비탈이 있습니다 좁은 문을 통과한 넓고 아름다운 동굴 자연 그대로 살아있는 작품을 손에 쥡니다 내 마음은 보물창고로 바뀌었습니다 박쥐가 천정에 새까맣게 매달려 있고 동굴 속 폭포 소리가 두려움을 씻어줍니다 죽음 아니면 천당 가는 마지막 보물창고 입니다

맨발이어야 합니다 바위에 걸터앉아 양말을 벗습니다 신발 속 울림은 탄성의 메아리로 여행자들을 유혹합니다 미끄러져 엉덩방아를 찧습니다 돌부리에 치어 발끝이 아려 와도 웃음으로 행잉 코핀*을 날려버립니다 미스터리의 헛디디는 발 기묘하고 거대한 바위의 위엄 박쥐의 똥이 백설기 같습니다 가이드의 램프가 흔들리면 같이 흔들립니다 램프가 꺼지면 다시 깜깜해집니다

* 행잉 코핀: 절벽에 매달려 있는 관

동굴 속 박쥐 똥을 밟았거나

거꾸로 매달려 생을 살아가는 저 믿음이거나

넘어지면 손 내미는 무조건이거나

5부

여름에 얼어 죽다

사가다 산 정상 게스트하우스
자작나무의 흰 얼룩이
구름에 덮여 솜 나무인 줄 알았어

한국은 1월 한겨울
필리핀은 여름인 줄 알았지
다랭이 논에 모내기 한창였거든

시도 없이 바뀌는 날씨
가랑비 내리노라면 해가 중천이었어
축축한 습기에 음산한 산속

좁은 매트리스 침대에서 둘이 잤어
다운파카 입은 그녀를 옆에 두고 참으려 했어, 처음이라
떨리는 체온으로 나도 모르게 껴안았지 추워서

첫날 밤 얼어 죽지 않으려고 그랬어, 그건 진짜야
우린 어쩔 수 없이 그렇게 됐어
아침에 얼굴을 봤는데 그래도 추웠대

예전에 할머니가 그랬어
여름에 얼어 죽은 처녀 귀신이 있었다고
나는 처녀가 아니어서 천만다행

길 위에서 밥

금강산이라야 식후경을 하지요
오지마을엔 식사 시간이 따로 없어요
가다가다 식당을 만나면 끼니를 때워요

식당에서도 음식이 나오기까지
무심코 기다려야 해요
말랑미에 채소 커리 소시지 하나면 진수성찬이어요

그럴싸한 외관은 아니지만
테라스에서 마을을 내려다볼 수 있고
사방을 볼 수 있는 전망이 좋아요

길고 먼 여정 속
덜컹거리는 소음만큼
지나가는 속도가 빠르게 느껴져요

필리피노가 운전하는 지프니의 곡예
뚜껑 없는 변기가 보이고 화장실엔 휴지가 없어요
용변을 보고 바가지로 물을 떠서 부어줘야 해요

용솟음치듯 흐르는 계곡 울림이
소박한 메아리로 소통하는 텅 빈 도로가
서두르지 말고 쉬어가라네요

도마뱀과 바퀴벌레

관 뚜껑 도마뱀 조각
죽은 자를 지켜주는 파충류
가는 곳곳마다
도마뱀은 애완용처럼 귀엽다
의자나 테이블 다리
식당 기둥 여기저기 새겨 놓았다

전통가옥에서 잘 때였다
바퀴벌레가 매트리스 위를 유유히 돌아다닌다
자연과 하나 된 모습이어서
현지인은 아무렇지도 않은 표정이다

도마뱀 목걸이
목각 기념품 중 도마뱀만 눈에 띈다
자꾸 보니 귀엽고 예쁘다
청정지역에만 산다는 콧대 높은 뱀
도마뱀이 많다는 건 공기가 맑다는 것
해충을 잡아먹는 청소기라니 사랑받아도 되겠다

이푸가오족 목공예

필리핀 바나웨 이푸가오족의 목공예
가톨릭 국가의 상징처럼
종교적 느낌의 조각상이 많다
원초적 본능
자연적 관능
다산과 풍요의 상징인 남근에 올라탄 여자도 있다
귀여운 고양이와 달마시안
태양 닮은 하회탈 장식
눈길을 사로잡지만
선뜻 손이 가지 않는 이유는
모든 게 짐이 되기 때문이다
살까 말까 망설이다
눈요기만 실컷 하고 나왔는데
멋진 의자 하나 사 올 걸 후회하고 있다
또다시 가자니 엄두가 안 나는 거기

아위촌 촌장

징도 아닌 꽹과리도 아닌 그 중간쯤 되는 악기로 중독적인 리듬을 태운다

단순한 듯 반복으로 이어지는,

들으면 들을수록 빠져드는 그 리듬에 맞춰 춤을 춘다

촌장은 머리에 깃털로 장식된 모자를 쓰고 온몸이 드러난

은밀한 곳을 아찔하게 가리고

정열의 빨간 수직 의상을 펄럭이며 춤춘다

맨발의 미남 촌장

기타를 메고 귀에 익은 곡을 연주하며 반라의 몸을 야하게 흔든다

남자의 엉덩이를 본 적이 언제였던가

근육질의 어깨와 가슴 식스팩으로 단련된 갈비뼈가 드러나는 관능

벗을 것 다 벗고도 부드럽다

목소리와 눈빛 몸놀림 어느 하나 날카롭지 않다

몽롱하게 빠져드는 묘한 매력의 춘장이 꿈에 나타날 것만 같은 밤

한 마리 학이 거기 살았네

오뚝한 콧날에 까만 눈동자의 아로나*

신비로운 미소에 자꾸만 눈이 갔던 소녀

단발머리가 찰랑거릴 때마다

하얀 이 사이로 재스민 바람이 스며들었네

이국의 소녀가 떠나는 나를 보내지 않았네

아로나는 날개를 접을 수 없었네

한 마리 검은 학

이별 후 더 큰 날개 달고 높은 하늘 날았다지

---

* 여행지에서 우리를 안내해 준 현지인

그 길

따뜻한 밥상 차려 놓고
처마 끝 하늘 올려다볼 때
가끔 그 길 생각날 것이다

어둠 속 빗소리에
천둥 먹구름 무섭다 느껴지면
문득 그 길이 그리워질 것이다

지독한 생각의 그리움들
설친 꿈 몽롱해져 서글퍼지면
그 길도 애간장 녹을 것이다

쉰셋, 나에게 묻는다

과연 나에게 추억이 있었나
희망이 있기는 한 건가
나에게 어제와 오늘과 내일이 있다면

나는 그물에 걸린 바람이거나
허공에 쳐놓은 거미줄이거나
모호하게 흔들리는 배롱나무였을 것이다

바다에 던져진 투망 속 고기들
최소한 제삿날이 아니면
그물 속에서도 자유로웠노라고

나는 투망 속에 갇혀 있느니보다
열린 바다를 통째로 얻어
바깥세상과 소통하는 해초가 되고 싶다고

섬 속에 성을 쌓고 살았었네

섬 속에 성이 있다

혼자인 나만의 성

성 안에 섬이 있다

나만의 혼자인 섬

섬 속에 성을 쌓고 혼자였던 사람

시를 쓰다 숨이 멎은 줄도 몰랐다고 그러네

주검이 발견되지 않아서 죽은 줄도 몰랐다지

그런 내가 섬 속에 성을 쌓고 거기 살았었다네

콱

필리핀에선 닭을 콱이라 하고 싸움을 싸봉이라 하지

닭의 한쪽 발목 뒤 날카로운 칼을 묶네

싸움을 시켜 다치거나 죽어야 끝나는 게임 그냥 재미로 하는 게 아니라네

돈을 걸고 내기를 하지

이천 페소의 상금 잃을 것은 두려워하지 않고 이길 때 얻을 돈만 생각하지

십 리 밖에서도 들리는 투계장의 함성

닭싸움의 무대는 로마 시대 검투장 이름 아레나

도박은 어디에나 있는 것 콱, 콱콱

뜬금없이 다음 생

꽃의 색깔은 어찌 이리도 아픈 건지

노랑이었다가 핑크였다가

급기야 검은 핏빛의

저 작렬함은 어디서 오는 건지

나 다음 생에 꽃으로 태어나

파란 바람에 흔들려

씨앗이나 실컷 뿌리며 살아 봤으면

아낙

라이스 테라스를 가려면 동네를 지나야 한다
동네는 모두 경사진 내리막길
우물에서 설거지하는 아낙을 보았다
젖병이 여러 개인 것을 보니 어린 아기가 많은가보다
높은 지대에서 내려오는 물
안개를 먹고 내려오는 은은한 물이다
아기는 자연의 흐르는 물소리 마시며 자라겠지
어린 엄마의 젖을 물고 쑥쑥 커가겠지
나무로 만든 집은 태양을 흠뻑 빨아들이고 있다
네 마리의 강아지들이 펄쩍거리며 놀고 있다
서로를 핥아주며 귓속말로 속삭이기도 한다
눈부신 햇살 행복하다고
우리 마을에 이방인이 또 왔노라고
그 집 시어머니는 흙바닥에서 잠을 자고 있었다
아기들은 방 안에서 쌔근쌔근
아낙은 이 동네가 세계문화유산이라는 것에 대해 어떤 생각을 가지고 살까

에필로그(epilogue)

시작노트, 나의 시 창작세계

오영미

처음 문단에 들어설 때의 '당선 소감'이 떠올랐다.

우물 안 개구리마냥 혼자 마음 문 닫고 보낸 세월, 갈급한 가슴 스스로 열고 세상 보며 흥얼대던 콧노래, 그러나 그 콧노래가 넓은 세상을 만날 수 있어 몸 둘 바를 모르겠다. 창피한 졸작을 평소 애독해 오던 월간 『문예사조』가 내 손을 잡아주고 힘을 실어 준 것이다. 이때만 해도 빗소리만 들어도 눈물이 나고 낙엽 구르는 모습만 보아도 감성이 저절로 피어 마음 닿는 대로 글을 썼다. 단어 선택도 내 안에 있는 그릇이 전부처럼 써 놓고 나면 그것이 최고인 듯 착각을 하며 지냈었다.

돌이켜 보면 수줍게 내놓은 질그릇을 어루만져주며 다독여 준 부끄러움이 있었기에 지금의 내 모습이 존재한다고 생각한다. 용기를 주고, 희망을 준다는 것이 얼마나 소중한지 지금도 간절하게 기억하고 있다. 나는 1966년 충남 공주에서 태어났다. 공주여자상업고등학교(현 공주정보고등학교)라는 실업계 고등학교를 졸업하고 사회생활을 했으나 순수하고 벅찬 감성들을 잠재우기엔 마른 풀잎처럼 끊임없는 갈망이 꿈틀거리고 있었다. 그 꿈을 이루고자 OCU(열린사이버대학)에서 문예창작을 공부하며, 정끝별 교수와 방민호 교수의 가르침을 받았다. 알듯 말 듯한 꿈틀거림은 계속되었으나 생활과 병행한 학습이었기에 생활에서 나의 시를 발견하고자 했다. 열심히 생활하며 습작을 계속하였고, 그간 시집 두 권을 출간했다.

첫 번째 시집은 『서산에 해 뜨고 달뜨면』(2008, 도서출판 가야)으로, 그야말로 내가 사는 지역에 대한 애정과 자연, 그리고 시에 대한 주관적 감성이 두드러져 있다. 지역적인 특색과 여행을 다니며 느낀 감정들을 시적으로 표현하여 한 권의 시집으로 탄생하게 되었는데, 그것은 온전히 가정과 사회, 그리고 삶의 터전인 서산에 대한 애향, 또는 육아의 시기적 초점에 맞추어 의도적으로 펴낸 경향이 다분하다. 언뜻 보면 평범하면서도 흔한 얘기처럼 엮어진 이야기를 '시'라고 표현하면서 스스로에 위안을 준 것이 아닌가 싶다. 독자들에겐 '시시'할지 모르나 나에겐 남모를 향수가 깃들어 있어 뜻 깊은 시집이다.

두 번째 시집은 『모르는 사람처럼』(2012, 글나무)인데, 첫 번째 시집에 비해 많이 비틀어보고, 꼬집어 봤지만, 왠지 맘에 안 드는 구석들이 많았다. 다행히 서산지역 출신인 이생진 시인과 박만진 시인과의 인연으로 '시'에 대해 깊이 파고들 수 있는 계기를 마련한 것이 행운이라고 생각한다. 지역 문인들과의 교류도 활발하게 하였고, 나아가 충남지역 문인들과의 소통을 시작한 작은 출발이라 하겠다. 문체나 어조, 소재에서도 일상이나 자연에서 벗어나 삶의 현장을 통한 느낌과 나의 이상을 실현하고 싶은 몸부림이 스미게 하려 노력했다. 이 역시 자녀의 성장기에 맞춰 '기념' 같은 의식을 치르고 싶어 출간한 시집에 불과했다.

지금은 다르다. 과연 '시'가 무엇인지에 대한 바탕을 긁어내고 싶었다. 제대로 '시'와 만나서 연애를 하고 싶었다. 나의 질긴 여정에 '시'를 묻고 싶어서 대학원에 진학하여 문예창작학 석사를 수료하고 논문 준비 중이다. '시'답지 않은 '시'를 쓰느니, '시시'한 '시'를 쓰고 싶지 않아 자존감을 높이고자 선택한 길이다. 그래서 2015년 가을호에 계간『시와정신』으로 시 부문 신인상을 받으며 재등단을 하였다. 그동안 나름 이뤄놓은 시간을 버리는 일이란 생각보다 쉽지 않아서 간혹 불안하거나 조바심도 일었다.

다행히 훌륭하신 김완하 교수님과 조해옥 교수님, 길상호 시인 등을 만나 '시' 같은 '시 창작'을 연구하는데 그 기쁨은 이루 말로 다 할 수 없다. 대학원에서 배우고 익히며 연구한 것들을 열악한 환경의 지역에 큰 뿌리를 내릴 수 있도록 기여하고 싶다. 더 넓은 세상과 소통하며, 더 큰 가슴으로 내려앉을 수 있는 시인. 독자들로 하여 나의 시가 아픔과 고통을 치유할 수 있고, 나아가 궁핍과 억압의 해방이 될 수 있도록 치열하게 써 내려가는 시인이 되어 나만의 색깔과 나만의 노련함으로 누군가가 늘 그립게 만들 것이다.

나는 시를 쓸 때 가장 중요시하는 부분이 있다. 그것은 일부러

쓰려 하지 않는다는 것이다. 일상에서 생활하며, 여행하며, 일하며, 휴식을 취하다가 문득 탁! 하고 느낌이 오면 그것을 메모하는 습관을 갖는다. 언제나 펜과 작은 수첩은 나의 연인인 셈이다. 잠을 자다 깨서 메모한 적도 있고, 꿈을 꾸다 일어났을 때 생생한 언어와 모양을 비몽사몽간에 적어 놓을 때도 있다. 술에 취한 사람을 보면서, 싸움하는 부부를 보면서, 공사장에서 페인트공의 붓놀림에서, 목조주택을 짓는 목공의 섬세함에서, 때때로 홀로 고독을 즐기면서 나의 시어들은 춤을 추게 된다.

이를 바탕으로 세 번째 시집 『올리브 휘파람이 확』(2017, 도서출판 달샘)과 네 번째 시집 『벼랑 끝으로 부메랑』(2018, 도서출판 지혜)은 대학원에서 문예창작학을 전공한 만학도의 성과물이라고 할 수 있다. 나의 시심은 마치 신들린 것처럼 매일 쓰지 않으면 뇌가 근질근질해서 견딜 수 없을 정도였다. 『올리브 휘파람이 확』에서 권 온 문학평론가는 "오영미의 시를 읽는 독자라면 누구나 그녀가 시인이 될 수밖에 없는 이유를 자연스럽게 찾을 수 있다. 오영미는 자신이 처한 결핍의 상황을 시라는 언어의 특별한 작용으로 극복해내는 사람이다."라고 말한다. 또 천영숙 교수는 "오영미의 시는 쉬운 듯 쉽지 않은, 그러나 평이함을 비범한 어법으로 시를 이끌어 간다. 귀 없고 눈 없는 문자를 끌어다 파동과 울림을 살려 낸다"고 했다.

『벼랑 끝으로 부메랑』에서 오홍진 문학평론가는 "오영미 시인은 죽음을 넘어 삶을 여는 시의 여정으로 환상과 현실의 경계에 서 있다. 환상은 현실 너머를 지향한다. 현실에서는 보기 힘든 것을 시인은 환상 속에서 본다."고 말한다. 철학예술가이자 『애지』 주간이신 반경환은 "오영미 시인은 대화체의 진술발화이며 대화체의 실천발화라고 할 수 있다. 오영미 시인의 '벼랑 끝 시학 '은 아슬아슬한 줄타기이며, 더 물러설 곳이 없는 '악순환의 아찔한 부메랑 '이다."라고 했다.

중요한 것은 누가 나를 어떻게 평가하든 상관없다. 내가 시를 발표했을 때 독자가 느끼는 수위는 조절할 필요가 없다는 것이다. 나는 언제나 환상을 갖고 있다. 현실에서 이루지 못하는, 못했던, 못할 것 같은 일들을 시 속에서 이뤄낸다. 수없이 부수고 깨쳐서 나만의 보석을 찾는 것이다. 시 속에서 나를 발견할 것이다.

스스로 말하기 부끄럽게도 나의 시 창작에 있어 절정의 시기가 바로 지금이 아닌가 싶다. 올해 3월에 다섯 번째 시집 『상처에 사과를 했다』는 대학원 스승이신 조해옥 교수님께서 해설을 맡아 주셨고, 한국시인 문단의 원로이신 허영자 시인과 현재 한국시인협회 회장이신 윤석산 시인께서 표 사 글을 흔쾌히 수락하시고 격려를 해 주신 소중한 시집이다. 이 시집 해설에서 조해옥 교수는 "오랜 시간이 흐른 뒤 깨닫게 되는 '자기 구원의 시'며 '연민과 안타까움의 감각적 표현'이 살아있으며, 추상의 감정을 감각적으로 표현하는 데 있어 시인의 탁월함을 보여준다"고 말한다. '화자인 내가 상처에 사과하였다는 것은 그 상처의 이유를 밖에서 찾지 않겠다는 의지의 표명이다. 그것은 그에게 받은 상처와 책임을 떠넘기는 말에 더는 흔들리지 않겠다는 것이며, 내가 주인이 되는 삶은 상처 입은 나를 내가 치유하는 데서 비로소 시작되는 것이다'라고 설명했듯이 나는 그동안 살아온 흔적들을 뒤돌아보며 좀 느슨하고 느릿한 여유를 갖고 싶었다. 나 스스로에 사과하고 사과를 받고 싶었다. 아울러 나의 주변을 더듬으며 참살이 삶은 무엇인지 묻고 되물어 편안한 관계를 갖기로 했다.

나는 매일 시를 생각한다. 시가 저절로 나를 건드려주고, 나는 민감하게 반응하여 응답한다. 목적과 목표가 있으면 미루지 않고 미리 시를 쓴다. 시작 노트는 나에게 안정과 믿음을 준다. 곡간에 곡식이 가득 차 있을 때 미래에 대한 불안이 없듯이, 나는 시작 노트에 시가 꽉 차 있을 때가 가장 행복하다. 하루 일상이 새롭고 궁금하게 길들여 있는 내가 기쁘게 또는 치열하게 받아들일 수 있는 무기가 바로 '시'다. 시가 내 곁에 있는 한 나는 외롭지 않다. 어쩌다 길을 잃고 방황하는 날이 와 헤매는 동안에도 슬퍼하지 않기 위해 나는 매일 시를 짓고, 시를 하고, 시를 쓴다.

『상처에 사과를 했다』를 발표한 지 3개월밖에 되지 않은데 여섯 번째 시집을 위한 원고를 출판사에 넘기니 깜짝 놀란다. 나는 항상 준비하는 시인이고 싶다. 무슨 시를 그렇게 쉽게 많이 쓰느냐는 반응 같아 서운했다. 그런 게 아니고 세상의 시를 모두 쓸어 담는 거 같아 부러워서 그러는 거라 해서 위안이 되었다. 시를 열심히 쓰고 시집을 내는 것은 좋은데 너무 빠른 듯하다는 김완하 교수님의 염려와 우려는 사랑이다.

이번에 발표하는 시집 『떠밀린 상상이 그물 되는 아침』은 올해 초 필리핀 북부 오지마을을 방문하여 우리의 문화를 알리는 교류 여행에 동참하며 보고 느낀 것을 토대로 준비했다. 본톡, 사가다, 바타드, 바나웨, 아위촌 등 필리핀에서도 워낙 오지여서 일반 여행객은 찾지 않는 숨은 보석 같은 곳이다. 이런 지역이어서 선택하는데 망설임 없이 따라나선 여행이다. 내가 사는 충남 서산 외에도 홍성, 예산, 천안 등 각 지역에서 문화예술활동을 하는 예술인으로 구성되어있는 상황에서 나의 위치는 참으로 작게 느껴졌다. 여행을 하면서 내가 잘 할 수 있는 시로 승화시켜 시집으로 보답하겠노라 공약을 했기에 약속을 지키는 것이다.

이번 여섯 번째 시집 『떠밀린 상상이 그물 되는 아침』을 통해 내가 지금 처해 있는 환경이 얼마나 고맙고 행복한 모습인지 시로 승화시키고 있다. 열악하지만 행복한 웃음이 끊이지 않는 모습에서 풍요의 빈곤 속에 허덕이는 나를 보았다. 완벽과 조급증에 길들 여진 내 모습이 얼마나 타인에게 불편하고 상처였을까를 생각하니 자신이 무척 초라하게 느껴졌다. 입을 것과 먹을 것과 잠자리가 녹록지 않을 텐데 그들은 누구 하나 불평하지 않았다. 나는 부족한 것이 없음에도 늘 불평과 불만이 가득한 돼지였다는 것을 깨닫는 기회였다. 넘쳐서 화가 되는 것보다 부족한 듯 약이 되는 삶을 사는 것이 더 행복하다는 지혜를 배우고 돌아왔다. '길'이라는 다양한 수식어를 생각한다. 꿈, 희망, 좌절, 분노, 이별, 생사고락 모든 것이 길 위에 있다. 사람이 살아가기 위한 '밥'이 단순히 먹는 밥이라고만 생각하지 않는다. 그것은 만남, 영혼, 사랑, 기쁨, 삶, 의식주 모두의 기초다. 세상 모든 사람들의 인생이 거기 있다. 길 위에서 밥을 먹는다는 것을 사랑하고 싶다. 많은 응원을 바란다.

끝으로 나에게 있어 시는 삶이며 사랑이다. 시간이 많이 흘러 만학의 꿈을 이루기 위해 도전한 석사과정은 낯설다가도 설렘으로 머무는 이유가 많아지므로 행복한 순간의 연속이다. 젊은 친구들의 생각이나 순발력을 따라잡기에 역부족이겠으나, 그들이 가지고 있지 않은 삶의 연륜과 경험이 나의 창작에 많은 도움을 주고 있다. 시 창작에 있어 '삶'을 배제하고 과연 무엇을 가져올 수 있을까를 생각한다. 톡톡 튀는 상상력을 발휘하여 놓치고 싶지 않은 욕심을 부려보기도 하지만 매번 미치지 못하여 숨이 막힐 때가 종종 있다. 그보다는 나에게 맞는 주제와 시어를 찾아 '나만의 시' 가 될 수 있도록 색칠을 하고 싶다. 또 사회적 구성원으로서 활동하며 '함께' 어우러지며 공유하고 소통을 하고 싶다. 내가 공부를 지속적으로 하는 이유도 여기에 있다. 나만의 색깔로 끊임없는 창작의 길을 묵묵히 걸어갈 것이다.

떠밀린 상상이 그물 되는 아침

오영미 지음

발 행 처 · 도서출판 청어
발 행 인 · 이영철
영　　업 · 이동호
홍　　보 · 이용희
기　　획 · 천성래
편　　집 · 방세화
디 자 인 · 이해니 | 이수빈
제작이사 · 공병한
인　　쇄 · 두리터

등　　록 · 1999년 5월 3일
(제1999-000063호)

1판 1쇄 인쇄 · 2019년 8월 20일
1판 1쇄 발행 · 2019년 8월 29일

주소 · 서울특별시 서초구 남부순환로 364길 8-15 동일빌딩 2층
대표전화 · 02-586-0477
팩시밀리 · 0303-0942-0478

홈페이지 · www.chungeobook.com
E-mail · ppi20@hanmail.net
ISBN · 979-11-5860-688-6(03810)

이 도서의 국립중앙도서관 출판시도서목록(CIP)은 서지정보유통지원시스템 홈페이지(http://seoji.nl.go.kr)와 국가자료공동목록시스템(http://www.nl.go.kr/kolisnet)에서 이용하실 수 있습니다.(CIP제어번호: CIP2019032038)